UNE JOURNÉE

EN

TRAIN DE PLAISIR.

COMPIÈGNE. — PIERREFONDS.

Prix : 1 franc.

COMPIÈGNE.

CHARLES HIDEUX, Éditeur, place de l'Hôtel-de-Ville, 32.

1852.

LK⁷ 2206

UNE JOURNÉE

EN

TRAIN DE PLAISIR.

COMPIÈGNE. — PIERREFONDS.

COMPIÈGNE.

CHARLES HIDEUX, Éditeur, place de l'Hôtel-de-Ville, 32.

1852.

UNE JOURNÉE

E N

TRAIN DE PLAISIR.

UNE JOURNÉE

EN

TRAIN DE PLAISIR.

COMPIÈGNE. — PIERREFONDS.

C'était un samedi soir, je flânais sur le boulevard, préoccupé et me demandant à quoi je
pourrais employer ma journée du lendemain ;

grave préoccupation, recherche pénible, car ce lendemain était un dimanche. Or, pour qui a, en perspective, un dimanche à passer l'été, à Paris, il y a bien de quoi se tourmenter.

Je flânais donc, la chaleur était accablante, quand arrivé à l'angle formé par le boulevard et la rue Mazagran, mes regards furent attirés par une immense affiche dont le titre seul était la solution du problème après lequel je m'épuisais,

TRAIN DE PLAISIR

tel est le titre qui s'étalait orgueilleusement en lettres colossales au haut de l'affiche.

Je me défiais bien, quelque peu, et avec raison, de ce titre et de ses promesses, depuis que j'avais fait dans un de ces trains dits de plaisir un voyage à la mer, qu'une pluie battante m'avait empêché de voir, et duquel je n'avais rapporté que le souvenir de deux nuits passées en chemin de fer et une courbature qui m'avait fait garder la chambre pendant huit jours.

Je voulus cependant pour n'avoir rien à me reprocher si j'étais forcé de rester à Paris, voir la destination de ce train, tout disposé du reste à rire aux dépens des infortunés qui se laisseraient prendre au piège, si toutefois ce train devait les mener hors de certaines limites, je m'approchai donc et je lus :

CHEMIN DE FER DU NORD.

TRAIN DE PLAISIR

de Paris à Compiègne et Pierrefonds,

Départ 8 heures du matin.

Je m'arrêtai là.

Aussi bien je n'avais pas besoin d'en lire davantage.

Compiègne, grâce au chemin de fer n'est plus qu'un faubourg de Paris, en deux heures de marche j'y arrivais.

De Compiègne à Pierrefonds, j'avais toute la forêt à traverser, forêt magnifique, ou sous chaque pas se retrouve un souvenir des siècles passés.

Puis Pierrefonds ce chef-d'œuvre de l'architecture gothique militaire.

Plusieurs de mes amis avaient déjà fait ce voyage et m'en avaient parlé avec enthousiasme, le désir me prit de faire comme eux, comme la foule qui s'y porte tous les dimanches, tous les jours.

Une fois qu'un désir s'est emparé de mon esprit, il y germe promptement, et rarement j'y résiste.

Mon parti était désormais pris !

Je partirais le lendemain pour Compiègne, je l'ai dit, je n'avais que deux heures à passer en chemin de fer, je restais aux portes de Paris, c'était charmant.

Je rentrai chez moi.

Le lendemain à sept heures trois quarts j'étais dans l'immense salle d'attente de la ligne du Nord, cette salle était littéralement encombrée ;

tout ce que Paris renferme de gens ayant une journée à passer en liberté loin du soucis des affaires, de gens blasés sur les charmes des bois de Boulogne, Romainville et Vincennes, ces bois charmants remplis de si peu d'ombre et de tant de poussière et que jusqu'à l'établissement des trains de plaisir ils avaient eu le loisir d'explorer successivement jusque dans leurs derniers recoins ; de gens enfin à qui cette facilité de locomotion avait fait éprouver le besoin de voir quelques horizons plus nouveaux et surtout plus frais, s'étaient donné rendez-vous là ! ici des artistes, là des naturalistes, tous allant cueillir une perle dans cet écrin de Compiègne qui s'appelle la forêt.

Toutes les figures s'épanouissaient joyeuses.

Le cadran marque l'heure du départ.

Quelques retardataires arrivent des quartiers

les plus opposés, traînant après eux femmes et enfants, tous essoufflés de la course qu'ils viennent de fournir de peur de manquer le train.

La cloche donne le signal, les portes roulent dans leurs coulisses, la foule envahit la gare, chacun se précipite, tous s'empilent dans les wagons de troisième classe qui présentent alors assez fidèlement l'aspect de fourmillières.

Enfin les portières se ferment, un second coup de cloche retentit, la locomotive fait entendre son soufle de géant, l'immense machine s'ébranle traînant après elle mille ou douze cents voyageurs, on entend la grinçante trépidation du fer. Les lanternes, le matériel de la gare, les maisons de La Chapelle-Saint-Denis passent à notre droite et à notre gauche rapides et comme emportés dans un tourbillon, et tout en laissant une longue trainée de fumée et de feu sur notre route, nous roulons vers Compiègne.

Vers dix heures et demie, nous arrivions à Compiègne.

A la sortie de la gare une nuée de voitures de toutes sortes, calèches, chars – à – bancs,

omnibus , diligences étaient là , prenant les
voyageurs au passage, se les arrachant.

Pour moi, je ne voulais pas partir de suite
pour Pierrefonds, je tenais auparavant à visiter la
ville.

Je m'informai, — Les voitures qui allaient
partir immédiatement pour Pierrefonds, devaient
faire à une heure un second voyage, je résolus
donc de ne partir qu'à une heure. — Je suivis la
promenade qui , longeant le chemin de fer ,
conduit vers l'entrée de la ville. Je traversai le
pont jeté sur l'Oise, et construit en 1730 par
Louis XV pour remplacer celui que saint Louis
avait fait élever en 1241 à 200 mètres environ
plus bas et vis-à-vis l'ancienne tour, dont les
ruines, dernier témoin des exploits de Jeanne-d'Arc,

vous frappent à votre entrée dans la ville. C'est là, en effet, en face de cette tour, que l'héroïque martyre, trahie et vendue aux Anglais par Guillaume de Flavy, rendit son épée pour aller terminer dans les flammes sa mission.

Cette ruine représente aussi à elle seule les édifices élevés dans cette ville sous la domination romaine.

Je continuai ma route vers la place de l'Hôtel-de-Ville ; ayant peu de temps, je désirais l'employer le plus utilement possible et me faire tracer un itinéraire des monuments les plus curieux à visiter.

L'hôtel de la Cloche était là devant moi. Un passage du roman de Monte-Christo d'Alexandre Dumas, où il est parlé de cet hôtel, me revînt à

la mémoire ; la description qu'il en fait m'avait
frappé, elle me semblait exagérée. J'entrai et je
reconnus sa parfaite exactitude : je vis la cour
telle quelle est dépeinte avec ses trois rangs de
galeries circuláires supportées par de légères colonnes, çà et là des fleurs semées à profusion
donnaient à cette cour l'aspect le plus riant , le
plus gai qui se pût imaginer ; de nombreux
domestiques sillonnaient les salles et les corridors
de l'hôtel. Je me dirigeai vers le salon commun,
cabinet précieux d'histoire naturelle , où j'obtins
des propriétaires de l'hôtel, avec la plus gracieuse
affabilité, les renseignements après lesquels je
cherchais.

Ma première visite fût pour l'Hôtel-de-Ville.

Ce monument, bâti par Charles VI, accuse dans

son ensemble les premiers essais de l'architecture de la Renaissance. Sa façade percée de portes et fenêtres assez régulièrement placées , mais que des nécessités de dispositions locatives ont fait défigurer, est ornée de niches surmontées de clochetons délicatement fouillés et couronnées par une galerie sculptée à jour ; ses deux angles sont flanqués de tourelles en saillie terminés par un toit aigu ; au milieu de l'édifice s'élève une tour d'un très-bon style.

La place où se trouve aujourd'hui le cadran était autrefois décorée par la statue équestre de Louis XIII. Au-dessous était gravée cette devise :

Regi et Regno fidelissima.

Souvenir précieux octroyé à la ville par Philippe-

Auguste après la bataille de Bouvines. La République y avait substitué :

LIBERTÉ, ÉGALITÉ, FRATERNITÉ.

Ces trois mots, à leur tour, viennent d'être effacés.

L'Hôtel-de-Ville renferme un Musée de création récente dû à la libéralité d'un enfant de Compiègne, un antiquaire, un artiste, M. Vivenel. Il avait été partout ramassant, recueillant, classant avec science, avec peine, toutes les variétés, toutes les fantaisies de tous les arts à toutes les époques. Puis, après avoir dépensé à ces recherches quelques cents mille francs, il a tout donné à la ville de Compiègne, il a créé, toujours à ses frais, une École gratuite de Dessin dans laquelle il a entassé une collection complète des plâtres, de tous les chefs-d'œuvre de la statuaire, y compris les admirables chefs-d'œuvre du Parthénon.

Il y a certes, des collections plus complètes que celle de Compiègne pour telle ou telle partie de l'art, pour toutes les parties il n'en existe peut-être pas.

Là se trouvent réunis des fragments de tous les arts, à toutes les époques, chez tous les peuples, et tous ces fragments y tiennent dignement chacun leur place :

Terres cuites, assiettes de Faënza, armes de Tolède, ivoires, bas-reliefs antiques, plusieurs milliers de médailles de bronze, d'or ou d'argent.

Des armures complètes, des haches d'armes, des couleuvrines, des pistolets à rouets, des mousquets à mèches, des casques, des épées, etc., etc.

Toutes les fantaisies chinoises : écrans, éventails, lanternes, tableaux, porcelaine du Japon.

Toutes les verreries de Venise, de Flandre, de Bohême, des verres, des hanaps.

Près de cinq cents bronzes antiques, parmi lesquels un Moïse, de Michel-Ange.

Une centaine d'objets de sculpture sur bois : des lits à baldaquin, des portes, des dressoirs, des cheminées monumentales, des fauteuils et une table, une merveille, attribuée à Jean Goujon.

Des bijoux de toutes les formes et de toutes les époques.

Un retable sculpté sur albâtre, au XIIIᵉ siècle et ayant appartenu à l'église Saint-Germain-l'Auxerrois de Paris.

Une centaine de monuments de sculpture sur marbre.

Les émaux de Limoges les plus précieux.

Une collection magnifique de vases étrusques, provenant des fouilles du prince de Canino, et ayant fait partie de son musée.

Plus de trois cents terres cuites et faïences, vases, lampes, statuettes, etc., etc.

La peinture y est représentée par de belles toiles de Murillo, Simon Vouët, François Clouët, Annibal Carrache, François Albani, Guido-Réni, Giotto, etc., etc. La gravure n'y compte que des chefs-d'œuvre, et cette collection, entassée dans des cartons, formerait à elle seule une précieuse galerie.

Toutes ces richesses malheureusement, et faute d'un local convenable, sont disséminées dans diverses pièces, mal éclairées, et perdent ainsi aux yeux du visiteur moitié de leur valeur.

Dans une salle du premier étage se trouvent réunies :

Une toile de Landelle représentant la Charité, une autre de Louis Boulanger, la Mort de Bailly;

et enfin le Rêve de Bonheur, de Papéty ; tout le monde connaît ce tableau et l'effet immense que son apparition produisit au Musée de Paris.

Si vous entrez dans la salle de Dessin, vous verrez au fond de cette salle le portrait d'un homme assis dans un fauteuil renaissance et occupé à écrire sur vélin un acte de donation à la ville de Compiègne. Ce portrait est celui du donataire du Musée et une des bonnes toiles de Papéty.

Saint-Jacques.

Du Musée, je me dirigeai vers l'église Saint-Jacques. Cette église, fondée par Louis IX, fut commencée au XIIᵉ siècle ; finie seulement au XVᵉ, elle est un composé de toutes les époques qui la virent construire.

La tour qui s'élève à l'angle occidental de l'église, est remarquable par les sculptures qui la décorent ; elle est surmontée d'une lanterne de l'époque de la Renaissance.

Cette tour devait être accompagnée d'une autre tour semblable. Les pierres d'arrachement qui subsistent encore, permettent de juger ce que devait être le portail qui devait les relier.

Cette église renferme plusieurs tableaux assez remarquables. Entre autres le Christ au Tombeau, copie du Titien, par Philippe de Champagne, qui se trouve au-dessus de la chapelle latérale de gauche ; une copie des Disciples d'Emmaüs, de Paul Véronèse, un Vœu de Louis XIII, au-dessus de la porte de la sacristie, et une Descente de Croix au fond de l'église, au côté droit de l'orgue.

Saint-Antoine.

Saint-Antoine est d'un style plus gracieux et plus pur que celui de Saint-Jacques ; la fondation de cette église remonte au douzième siècle, son portail est remarquable par les sculptures délicates dont il est surchargé. Le chevet, chef – d'œuvre d'architecture, est dû au cardinal Pierre D'Ailly, né à Compiègne, et qui (prétend la tradition), avait exercé dans cette église, pendant son enfance, les fonctions d'enfant de chœur.

Parmi les choses d'art que renferme l'église Saint-Antoine, il faut citer un Baptistère en pierre de Touche, d'un seul bloc et d'une très-haute antiquité.

Une Chaire à prêcher, exécutée en 1837, dans le style de l'église et ornée d'un cul-de-lampe du travail le plus exquis.

Un tableau de Mattez, la Fuite en Egypte, d'un très-bon effet.

La fabrique de cette église vient de commander des vitraux pour remplacer ceux peints en 1540 et détruits à l'époque de la révolution, lorsque Saint-Antoine, dévasté, servit de magasin à fourrages.

Saint-Nicolas.

L'aspect extérieur de Saint-Nicolas, petite chapelle attenant à l'Hôtel-Dieu et en dépendant, ne laisse pas soupçonner le trésor qu'elle possède dans son Maître-Autel et le retable renaissance qui le surmonte et l'environne.

Ce retable, en chêne sculpté, occupe tout le fond de la chapelle. C'est une merveille pour la

hardiesse et la naïveté avec lesquelles sont groupées et exécutées les statues qui le décorent.

Il existe une légende qui donne pour auteur de
ce retable, un artiste étranger, lequel malade et
sans ressources, fut recueilli et soigné à l'Hôtel-
Dieu, et qui, pour prix de ces soins, entreprit et
exécuta ce chef-d'œuvre.

Château de Compiègne.

Il est impossible d'assigner une date bien pré-
cise à la fondation du Château de Compiègne, palais rebâti de siècle en siècle depuis l'ancien

Palatium de Clovis, architecture continuellement métamorphosée.

L'opinion la plus accréditée, attribue à saint Louis, en 1260, la fondation du palais sur l'emplacement qu'il occupe aujourd'hui.

De peu d'importance dans le principe, chaque roi qui y passa y ajouta un bâtiment. Charles V, Louis XI, Charles VI, François 1er, Catherine de Médicis, Louis XIV ; mais tous ces travaux faits à des époques différentes manquaient d'unité et portaient chacun le cachet du caprice ou des besoins du moment.

Il devait être donné à Louis XV de relier entre elles toutes ces constructions éparses ; Gabriel, son architecte, fut chargé de cet important travail, et c'est à lui qu'est dû le château tel qu'il existe aujourd'hui.

A l'époque de la révolution il fut sur le point d'être vendu à une société de démolisseurs, une circonstance fortuite empêcha l'accomplissement de cet acte de vandalisme et la Convention y établit un prytanée.

L'Empire devait le rendre à sa première destination et ajouter à son ancienne splendeur. En 1808, l'école des arts et métiers fut transférée à Châlons-sur-Marne, trois cents ouvriers furent employés à restaurer le château et à le meubler pour recevoir Charles IV roi d'Espagne, auquel il fut fixé pour résidence après le traité de Bayonne.

Ce roi ne l'habita que jusqu'en 1809, époque

à laquelle les ouvriers furent remis dans le palais, on restaura de nouveau les appartements. Les meubles les plus somptueux y furent apportés, Girodet et Beauvallet furent chargés de la décoration des plafonds et des lambris, pendant que Berthaud recevait ordre de replanter le jardin et de l'enrichir de statues en marbre et en bronze.

Enfin le **18** mars **1809** à huit heures du soir, celle pour qui ces embellissements venaient d'être faits, l'impératrice Marie-Louise, traversait à la lueur des flambeaux, pour sa première entrevue avec Napoléon, les avenues du palais.

Afin de surprendre agréablement la nouvelle impératrice, Napoléon avait fait élever, en quarante jours, sur le plan de celui de Schœnbrunn le berceau en fer qui, partant du pied de la terrasse du parc, va rejoindre la forêt, après un parcours de plus de deux mille mètres.

A son avénement au trône, le roi Louis-
Philippe y fit faire de grands travaux ; il fit
agrandir la chapelle et la décora d'un superbe
vitrail qui fut exécuté sur un dessin de la princesse
Marie, en même temps que, sur l'emplacement
du Jeu-de-Paume, à l'extrémité de l'aile nord et
près de la porte de Philibert Delorme (1), on
construisait une jolie salle de spectacle.

Le 4 août 1832, à neuf heures du soir, eut
lieu dans la chapelle du palais, le mariage entre
le roi des belges et la princesse Marie-Louise
d'Orléans.

Le palais de Compiègne renferme beaucoup de
choses remarquables, entr'autres :

Les bas reliefs de la salle des gardes, exécutés
par Beauvallet en 1784 ;

(1) Porte de Soissons.

Les plafonds de la bibliothèque et de la chambre à coucher des grands appartements, et la galerie des batailles, peints par Girodet.

Dans le salon de la grande galerie, une Diane revenant de la chasse, par Rubens.

La galerie de Don Quichotte, renfermant vingt-neuf sujets, dont quelques-uns sont d'un grand mérite, entre autre le no 68; exécuté par M. Jacquand, d'après une composition de Coypel.

Un portrait en pied du roi Louis-Philippe, par Horace Vernet.

Dans la chapelle, un Jésus chez Simon le Pharisien, de Paul Véronèse, une Nature morte, de Chardin.

Dans les appartements des princes, une Sainte Famille, de Léonard de Vinci.

Différentes toiles de Vanloo, Léon Fleury, Lapito, E. Isabey.

Beaucoup de tapisseries remarquables des Gobelins et de Beauvais.

L'heure du départ pour Pierrefonds approchait. Je visitai assez rapidement la Bibliothèque, dans laquelle les gardiens me montrèrent un volume in-4° frappé d'un boulet en **1814**, lors du siége de Compiègne par les Prussiens.

Je quittai le Château et revins sur mes pas.

La Forêt.

Un poète américain, visitait un jour la forêt de Compiègne :

« Voilà une forêt d'Amérique !.... s'écria-t-il
« avec enthousiasme. »

J'en demande pardon à Cooper, mais il flattait l'Amérique....

EUGÈNE PELLETAN (Lettre à Félicien Mallefille).

Cinq minutes après, j'étais de retour sur la place de l'Hôtel-de-Ville, une voiture que j'avais fait demander, m'attendait, sur le siége était déjà installé un petit vieillard qui m'avait été indiqué comme sachant par cœur sa forêt, Je pris place et nous nous mîmes en route. —

Nous venions de traverser le faubourg Saint-Lazare, laissant à notre gauche le château, lorsque la lisière de la forêt nous apparût.

C'est une émotion toujours neuve, toujours puissante que celle qui vous saisit à l'approche d'une forêt. — Il semble que la vue des massifs de verdure détende la pensée, que les parfums répandus dans l'air raffraîchissent le sang et infiltrent les membres d'un bien être inconnu. — Mais si, à cette beauté, la forêt joint une étendue telle que le regard ne puisse en sonder les mystérieuses profondeurs, une végétation luxuriante de taillis impénétrables, ombragés de futaies centenaires, alors l'émotion grandit, la pensée s'élève et l'on comprend le respect religieux que les peuples primitifs ont voué à leurs grands bois.

En entrant sous la voûte de feuillage formée au-dessus de nos têtes par les branches entrelacées, j'éprouvai quelque chose de ce respect. Mes regards attentifs plongeaient dans les avenues ouvertes des deux côtés du chemin, et dont les arcades tantôt sombres, tantôt éclairées des plus vifs rayons de lumière, se prolongeaient dans un lointain sans bornes.

L'air était doux et calme ; à peine un souffle léger agitait la cime des grands arbres. — Le frémissement des feuilles s'harmoniait, avec un charme enivrant, aux chants des oiseaux, aux cris des myriades d'insectes.

Recueilli, aspirant à pleins poumons l'âpre senteur des herbes, je me laissais aller à ces impressions neuves.

5

Je sortis cependant de ma torpeur pour demander à mon guide quelques détails sur la forêt, sur sa contenance.

La forêt actuelle me dit-il, comprenait anciennement la forêt de Laigue, de Chantilly, d'Hérivaux, de Hallatte, des Ageux, elle couvrait tout l'espace compris entre les deux contrées nommées plus tard le Laonnais et le Parisis, c'était au centre de cette immense étendue que les Druides, loin des regards profanes, accomplissaient les mystères de leur religion, et sacrifiaient à leurs dieux des victimes humaines ; — on a retrouvé aux environs de la Chaussée-Brunehaut, enfoncée profondément dans le sol, une pierre de Dolmen. — Les légions romaines conduites par J. César furent les premières qui portèrent la hache au sein de ces bois consacrés, elles y élevèrent des villas, des forts ; y construisirent des routes , entre autres la Chaussée – Brunehaut dont les vestiges sont encore d'une solidité admirable. Après eux, les Germains, envahisseurs des Gaules, prirent possession de la forêt ; ils s'établirent dans les villas romaines, bâtirent des châteaux, ouvrirent des nouvelles voies de communication.

La forêt vierge, la forêt primitive n'était déjà plus reconnaissable, réduite tour à tour par des incendies et des défrichements, elle fut enfin divisée ; et d'un château nommé *Cotia* ou *Cusia* , elle fut appelée forêt de *Cuise*, nom qui lui est resté longtemps ; elle devint dès-lors la propriété des rois Carlovingiens qui y établirent des agens forestiers. A partir de cette époque le bois se peupla d'habitants : autour des villas romaines transformées en châteaux forts, on vit s'élever des cabanes destinées à abriter les gardes, les bûcherons et les cliens des seigneurs. Ces groupes de cabanes, furent le noyeau des différents villages et des ruines semés dans la forêt : Saint-Corneille, Saint-Pierre, Saint-Jean, Saint-Nicolas, Vieux-Moulins, Morienval, etc., etc.

Saint-Corneille.

Nous étions arrivés à Saint-Corneille, mon guide continua :

Des mains des seigneurs, quelques villas

passèrent en la possession des moines de différents ordres, qui, de leur côté, en construisirent aussi.

Telle est l'origine de Saint-Corneille, les moines de l'abbaye royale de ce nom, avaient fait élever une maison de plaisance, joyeux rendez-vous, où les bons pères, retrempaient dit-on, leur ferveur en essayant des plaisirs mondains.

Charmant séjour en effet.., ici, à notre gauche, les Beaux-Monts, où se trouvent d'admirables futaies de chêne et d'où l'on jouit du plus magnifique point de vue ; là, au bord du rû de Berne, les maisons blanches de Vieux-Moulins, groupées comme des ruches d'abeilles, sur un tapis de verdure ; et plus loin les tranquilles étangs de Saint-Pierre, bordés de peupliers dont la tête superbe domine la forêt.

Rien de doux et d'attrayant comme cette promenade à travers les sentiers tapissés de mousse et bordés de taillis, ou de vieux chênes, plantés de distance en distance comme les colonnes d'appui de cette immense voûte de verdure.

Saint-Pierre.

A l'ouest des étangs à l'extrémité de la route Notre-Dame-Adam, se trouvent les ruines de Saint-Pierre-en-Chastre, occupant le plateau d'une colline où les Romains, ces hardis chercheurs d'aventure, avaient construits trois châteaux forts.

Ce furent des moines qui succédèrent aux Romains dans la possession de ces châteaux, alors à demi écroulés.

Charles-le-Chauve en fit don à ceux de Saint-Crépin-le-Grand de Soissons, qui y établirent un prieuré ; ils furent remplacés par des Bénédictins, puis par des Célestins, ces derniers y fondèrent un couvent qu'ils habitèrent jusqu'à l'époque de la révolution.

On voit encôre sous un rideau de lierre les ruines d'une tourelle et cinq croisées en ogives, derniers débris du couvent disparu. Le style en est du XIVᵉ siècle.

Une inscription gravée sur une table de marbre rappelle la visite que le roi Louis-Philippe y fit avec sa famille lors du mariage du roi des Belges.

Du plateau de Saint-Pierre le regard plonge sur la masse de verdure qui l'environne et qui de toutes parts s'étend jusqu'à des horizons infinis.

Saint-Jean-aux-Bois.

Si nous inclinons vers le sud, après avoir longé la route tracée au pied du Mont d'Arcy, nous arrivons à Saint-Jean-aux-Bois, site doublement curieux à connaître, c'est là, en effet que se trouvait le fameux palais *Cusia*, qui donna à la forêt son premier nom.

Sorti des décombres d'une villa romaine, ce palais dont les chroniques vantent l'étendue et les richesses, servit longtemps d'habitation aux rois de la seconde race.

Vers 1060 Philippe 1er en fit don aux religieux de Saint-Adrien de Béthisy, qui le convertirent en monastère, et le cédèrent ensuite à la reine Adélaïde veuve de Louis-le-Gros. Cette princesse y établit un couvent de jeunes filles, placé sous l'invocation de Saint-Jean-Baptiste et qui subsista jusqu'en 1631.

On reconnaît dans la construction de l'église le style de l'architecture du XIIe siècle, les voûtes sont remarquables par leur hardiesse et leur élégânce, il en est de même des boiseries du chœur et de ses stalles au nombre de cinquante, en chêne sculpté.

A l'entrée par le cimetière et adossé à l'église se trouve un ancien tombeau que les uns supposent être celui de la reine Berthe, *aus grans piés* femme de Pépin-le-Bref, et que d'autres attribuent à la reine Adélaïde ou Alix de Savoie, fondatrice du monastère de Saint-Jean, et femme de Louis-le-Gros.

J'étais enchanté des détails précis de mon guide et de sa connaissance exacte des endroits que nous visitions, je ne pus m'empêcher de lui en témoigner ma satisfaction et mon étonnement.

C'est que tous les jours, me répondit-il, je visite la forêt, tantôt ici, tantôt là ; et bien que je la connaisse comme ma mère, je lui trouve chaque jour de nouveaux attraits ; je recueille les plantes peu communes, je recherche les débris des monuments disparus, et c'est croyez-le, ici, une étude féconde.

Mais, lui dis-je, vous devez avoir une collection curieuse ?

J'ai fait en effet quelques découvertes.

Ainsi, j'ai trouvé, sous le sol défoncé de la Chaussée-Brunehaut, des médailles romaines et des débris d'armures ; dans une sorte de crypte aux environs de Saint-Nicolas-de-Courson, j'ai recueilli des fers de saguettes , car la forêt fut de tout temps visitée par les coureurs de gibier. Les rois chevelus et leurs successeurs jusqu'au roi Charles X, y vinrent tour à tour poursuivre le sanglier, le cerf et le daim, avec grand fracas de suites de chiens et de chevaux.

Saint-Jean-aux-Bois servait dans l'origine de rendez-vous de chasse.

Un chroniqueur de l'an 890, raconte que le célèbre roi Eudes, accompagné d'évêques, de comtes, de barons, de nobles dames et damoiselles, y chassait très-souvent.

Childebert Ier, ainsi que le bon roi Dagobert, celui que la légende nous représente si maladroitement culotté, furent tous les deux favorisés, pendant leurs chasses, de faits miraculeux.

Un varlet du premier, un hérétique sans doute, prenant pour un malfaiteur Saint-Marcoult,
qui, de la Normandie, accourait pour demander
une grâce au roi, voulut le tuer, mais au moment où il s'apprêtait à le frapper, son bras fut
tout-à-coup paralysé. Childébert stupéfié du pro-
dige, accorda sans opposition, la grâce que venait solliciter le saint normand.

Quant au roi Dagobert, poursuivit mon cicé-
rone, un jour, qu'ayant à ses côtés Saint-Ouen,
son aumônier, et les seigneurs de sa cour, il
poursuivait un cerf, il aperçut en levant les
yeux au ciel, une croix lumineuse formée de
neige qui se balançait dans les airs. Emerveillé,
le monarque consulta son aumônier, lequel lui
répondit que Dieu, par ce signe, voulait être
adoré au lieu où s'était révélé ce miracle. D'a-

près cet avis, Dagobert se hâta d'y fonder une abbaye qui prit le nom de La-Croix-Saint-Ouen, qui devint le noyau du village de ce nom et le but de pèlerinages pieux.

On y guérissait miraculeusement les fidèles affectés de surdité et cela, en leur passant la tête dans une sorte de carcan de pierre, dans lequel ils devaient rester un certain laps de temps.

Pépin-le-Bref, Charlemagne, Charles-le-Chauve et leurs descendants Carlovingiens, firent tour à tour retentir la forêt du hallali meurtrier ; après eux, les Capétiens.

Philippe-Auguste, raconte un naïf légendaire, lancé à l'âge de quinze ans à la poursuite d'un

démon, malicieusement travesti en sanglier, courut toute une nuit parmi les taillis et les bau-
ges, sans pouvoir atteindre le diabolique animal,
qui à chaque instant se retournait, et, le regar-
dant, lui riait insolemment au nez.

Epuisé de fatigue et de faim, perdu au milieu des détours du bois, les membres déchirés
par les ronces et les broussailles, le futur vain-
queur de Bouvines, abandonnant la trace de
l'esprit malin, effrayé de la solitude et découra-
gé, invoqua enfin monseigneur Saint-Denis dans
une fervente prière. Aussitôt un géant armé
d'une torche embrasée lui apparut ; ce monstre
avait le visage noir, le corps difforme, il fait signe au jeune chasseur de le suivre, et le conduit, rempli d'épouvante, jusqu'au seuil de la
forêt ; là il s'évanouit comme un nuage, lais-

sant Philippe ému de surprise et de reconnais-
sance envers le saint dont l'intervention l'a sauvé.

Rien n'est curieux à étudier comme les lé-
gendes de ces temps de foi naïve, où le sanglier, habile à fuir, passait dans l'imagination du
chasseur affamé, pour un démon travesti, et un
charbonnier sans doute, pour un génie sauveur
accouru sur l'ordre d'un saint.

Cependant, à part la Chaussée-Brunehaut, au-
cune route praticable ne traversait encore la forêt.

Quelques sentiers tortueux, défoncés, envahis
par les ronces, servaient seuls aux communications entre les différents villages ; ce ne fut que
sous François Ier qu'un système de chemins di-
rects et réguliers commença à s'établir. Ce roi

chasseur fit ouvrir à coups de hache , les huit larges voies aboutissant au Puits-du-Roi. Louis XIV ordonna le percement de cinquante-quatre laies destinées à relier entre elles ces huit voies principales ; Louis XV fit établir vingt routes cavalières ; Louis XVI, plusieurs allées ; enfin Napoléon, cette avenue magnifique d'étendue et de largeur qui, des fenêtres du château de Compiègne, va , se déroulant, jusqu'au Beaux-Monts.

Aujourd'hui nous comptons trois cent cinquante-cinq routes et soixante-six chemins dont l'immense réseau embrasse toute la forêt.

Je vous ai parlé, me dit mon guide, d'après nos chroniques, des chasses des rois francs, mais je pourrais vous raconter, comme témoin oculaire, une chasse royale contemporaine, la dernière que fit le roi Charles X.

4

C'était au mois de mai 1830, le Puits-du-Roi, point central de la forêt et dont je vous ai parlé, fut choisi pour le théâtre· d'un *Houraillement*, mot moins barbare encore que ce qu'il signifie, comme vous l'allez voir.

Charles X devait s'y rendre accompagné du roi et de la reine de Naples, du prince de Salerne, du Dauphin, de la Dauphine et de la duchesse de Berry, tous conviés à la fête dont le roi de France voulait régaler ses hôtes étrangers.

Pour cette chasse, il était, avant tout, nécessaire d'amener dans l'enceinte du petit octogone les troupeaux de cerfs, de daims, de biches et de sangliers dispersés dans l'étendue de la forêt.

Les gardes, les veneurs, en un mot tout le personnel des chasses royales fut occupé pendant plusieurs jours à cette besogne difficile.

Formés en divisions régulières, sous les ordres de chefs expérimentés, ils enveloppèrent le bois, et se mettant en marche de tous les côtés à la fois, ils s'avancèrent du même pas vers le centre, en poussant devant eux le gibier effarouché.

Le plus grand ordre présidait à cette battue.

Le soir, afin d'empêcher les malheureuses bêtes de sortir à la faveur des ténèbres du cercle dans lequel on les resserrait, des toiles immenses furent tendues de manière à les enfermer comme dans un parc, et des sentinelles se promenaient toute la nuit autour de l'enceinte improvisée, afin de repousser les captifs qui auraient tenté de fuir en passant à travers les murailles de fil qui les environnaient, cela ressemblait à la garde d'une place assiégée ; les feux des bivouacs éclairaient les profondeurs du bois, les cris des surveillants se croisaient dans l'air.

Après trois jours, le cercle rétréci par des battues successives, fut entouré d'une ligne de retranchements plus solide ; on jeta aux animaux emprisonnés plusieurs hectolitres de pommes de terre, pour leur faire attendre, à l'abri de la faim, l'instant du sacrifice.

Des piqueurs introduits dans le fermé, comptèrent environ quatre cent quarante captifs, dont quatre-vingts cerfs, cent trente biches, cent trente chevreuils et vingt-cinq sangliers.

Le 26 mai, vers midi, le roi arriva sur la limite du rond-point ; on avait édifié huit cabanes d'où le monarque et ses hôtes devaient pouvoir tirer à l'aise et sans danger.

Heureusement pour les victimes, le temps était affreux ; néanmoins chacun des invités prend possession de l'abri qui lui était destiné. Aussitôt le cor résonne, et les animaux, chassés par les gardes, se dirigent vers un étroit chemin qui s'ouvre devant eux ; les cerfs marchent les pre- miers, serrés les uns contre les autres ; pressen- tant le péril, ils couvrent de leurs corps les biches dont la troupe tremblante les suit, l'œil inquiet et humide. Les daims, les chevreuils, les faons, les sangliers se pressent sur les pas des biches, poussés en avant par les piqueurs, c'est une masse serrée, compacte, environ soixante cerfs composent le front de bataille, les sangliers forment l'arrière garde.

Tout-à-coup la fusillade éclate et les balles pleuvent sur le troupeau dont les rangs se mêlent avec un épouvantable désordre. Les malheureuses bêtes, frappées de tous côtés et dans l'impossibilité de fuir, se ruent les unes contre les autres éperdues d'épouvante, en quelques secondes l'arène est couverte de morts et de blessés dont les cris lamentables ébranlent les échos de la forêt.

Cependant les tireurs ne se lassent pas et les coups de feu retentissent impitoyablement.

Cela dura pendant deux heures et après ces deux heures, deux cent trente-neuf victimes, dont cent quinze chevreuils, cinquante – six biches, sept cerfs, et onze sangliers, jonchaient la terre.

Comme la pluie redoublait, le massacre en resta là.

Depuis 1830, continua mon guide, il y eut encore de belles chasses dans la forêt de Compiègne, M. le duc de Nemours et ses frères, réunissaient de nombreux invités, qui, tous en brillant uniforme rouge, poursuivaient à courre les cerfs.

En 1848, la chasse de la forêt, divisée par lots, avait été affermée à différentes sociétés d'amateurs.

Mais le château de Compiègne ayant été ré-

cemment compris parmi les résidences affectées
au Prince – Président de la République, cette
location a été résiliée et on commence à repeu-
pler de gibier la forêt exclusivement réservée
aux chasses du Prince.

A notre droite, je venais d'apercevoir à travers
les branchages les ruines d'un château. fort ou
d'un monastère, je questionnai :

Ceci ? — C'est La Muette. Construit en 1642,
pour servir de pied à terre au capitaine des
chasses de la forêt de Cuise, ce bâtiment est
aujourd'hui habité par un garde.

Nous marchions toujours.

Ce village que vous voyez suspendu au flanc

de la montagne comme un enfant au sein de sa mère, c'est Saint-Nicolas-de-Courson, un des plus pittoresques endroits de cette forêt, si remplie de merveilleux aspects.

La principale construction du village est ce vieux bâtiment, aux puissants contre-forts, qui date du XIIe siècle. Ce bâtiment, devenu une habitation de garde, paraît le dernier reste d'un prieuré plusieurs fois détruit dans ces temps de pilleries et de guerre continuelle, et qui fut en dernier lieu réuni à l'abbaye de Marmoutiers.

Notre voiture nous emportait rapidement, encore quelques instants nous étions à Pierre-fonds.

Nous mîmes pied à terre et, tout en causant,

nous gravissions le versant d'une colline couverte de hautes futaies ; l'ombre projetée par ces
arbres centenaires, nous enveloppait d'une atmos-
phère humide , et d'une fraîcheur pénétrante ;
sous nos pieds, le sol était jonché de détritus de
plantes mortes sur leurs tiges ; au-dessus de nos
têtes, aucun rayon de soleil ne perçait à travers l'épaisse voûte de feuillage, le silence était
solennel.

— Je crois. dis-je , que nous avons franchi
sans nous en douter l'espace qui nous séparait
de l'autre monde. Voici que nous sommes arrivés
dans une forêt vierge du Mississipi ou de l'Ohio;
et je ne désespère pas de rencontrer au bout
du chemin quelque hutte de boucanier.

— Ce doit être ici, dans ces cantons où se

retrouve encore après dix-huit cents ans, l'image du bois sacré, que les Druides se réunissaient pour accomplir leurs ténébreux mystères.

— En ce moment, un vif rayon de soleil nous frappa au visage; nous étions arrivés sur la limite des massifs de futaies; les premières maisons de Pierrefonds, s'offrirent à nos regards.

Nous venions à peine de dépasser ces maisons, quand tout à coup, au détour du chemin, mon guide me prit le bras et me dit :

Regardez !

— Je levai les yeux..... et fus saisi d'un indicible sentiment de surprise et d'admiration.

Pierrefonds.

— Sur le point culminant de la colline, se dressaient, encadrés dans le bleu du ciel, de vastes pans de murailles dentelées et percées à jour, d'une élévation vertigineuse, des tours massives, des remparts à créneaux, de sombres amas de pierres croulantes; tout cela taillé dans des proportions colossales, se découpait en noir de la base au sommet, au milieu de l'espace inondé de lumière.

— C'était une apparition véritablement fantastique , dont l'imprévu me retint immobile et muet, je fermai coup sur coup les yeux et les rouvris afin de m'assurer que je n'étais pas le jouet d'un rêve, que je n'assistais pas à l'exhibition de quelque décor d'opéra.

— Mon guide triomphait de ma surprise.

— Allons, allons, remettez-vous, et nous irons, si vous le voulez bien , visiter le monstre ; il n'a plus de dents.

— Quelques minutes plus tard nous étions au pied des ruines du château de Pierrefonds.

— Les huit tours de la forteresse sont encore debout ; huit tours hautes chacune d'environ trente-cinq mètres , épaisses, dont le poids doit être écrasant. Quelques-unes bien conservées, mais éventrées, d'autres ébréchées et sillonnées de lézardes, ces rides des vieux édifices. Une ligne de murailles les relie l'une à l'autre.

Des fossés à demi comblés, des ponts-levis brisés, d'énormes pans de murs, restes de l'antique donjon, soit que vous leviez les yeux ou que vous les baissiez, vous n'apercevez partout que ruines et décombres ; mais ces ruines inoffensives, ces ruines que la mousse ronge, ont gardé à travers les âges, un caractère de grandeur, de force et de beauté farouche qui étonne ; c'est le cadavre d'un Titan foudroyé.

Ces débris, me dit le vieillard, sont beaux à voir sous un ciel pur, par un beau soleil couchant, lorsque la paix règne alentour et que

l'oiseau chante sous la feuillée, on examine alors
placidement, sous toutes ses faces, le monstre gisant
là et qui ne peut plus ni se redresser ni mordre.
Mais j'ai peine à croire que nos ayeux le con-
templaient avec la même placidité admirative,
lorsqu'il était debout, leur montrant nuit et jour
ses énormes machines de guerre prêtes à jeter
sur leurs chaumières la destruction et la mort ;
repaire de châtelains qui, n'accordant à leurs
vassaux qu'une protection illusoire, ne recon-
naissaient généralement d'autre droit que celui
de la force, d'autres ressources que le pillage ;
héros de ces temps de barbarie, auxquels notre
esprit se refuse aujourd'hui à croire.

Il y eut deux châteaux à Pierrefonds ; celui-ci
est le second ; il fut bâti par Louis d'Orléans,
premier duc de Valois, en 1390 ; l'autre s'é-

levait sur l'emplacement occupé aujourd'hui par la ferme du Rocher. Il devait son origine à Oger de Bérogne, seigneur de l'antique palais du Chêne, situé près de Morienval, à l'endroit du Chêne-Herbelot; les châtelains de Pierrefonds, héritiers d'Oger, attaqués par les Normands, réussirent à les repousser. Leur domination s'étendait sur toute la province; les couvents et les villages étaient leurs tributaires.

Les rois recherchèrent leur alliance, effrayés du redoutable développement de leurs forces.

Turbulents et avides, les seigneurs de Pierrefonds, pendant les rares intervalles de paix, travaillaient à étendre leurs domaines, en dépouillant soit les monastères, soit leurs vassaux; néanmoins il leur venait parfois des scrupules.

Ainsi Nivelon Ier, arrière-petit-fils d'Oger crût devoir en 1047, pour appaiser sans doute les remords de sa conscience et peut-être aussi les réclamations des monastères spoliés, faire construire une chapelle, celle que vous voyez au pied de la colline et que nous visiterons en descendant, cette chapelle fut placée par lui sous l'invocation de Saint-Sulpice, un chapitre de chanoines y fut attaché et il la dota richement de revenus en terres, bois, moulins et prairies.

Ce Nivelon partit pour la Palestine, le château passa en la possession de son fils Nivelon II, puis de Nivelon III, lequel mourant sans postérité, laissa le castel et ses dépendances à sa sœur Agathe.

Philippe-Auguste, décidé à détruire à tout

prix la formidable puissance des seigneurs de Pierrefonds, acheta tous les biens de cette châtellenie qui, de Soissons étendait alors son autorité jusqu'au Bourget sous les murs de Paris.

Délivré de la domination écrasante des successeurs d'Oger de Bérogne, la contrée pût enfin respirer à l'aise.

Cet état de choses dura avec des chances diverses, pendant près de deux siècles, jusqu'en 1390.

A cette époque, le roi Charles VI, attribua au duc de Valois, son frère, la propriété acquise par son aïeul, mais elle menaçait ruine, et au lieu de relever des décombres, Louis d'Orléans préféra construire un nouveau château ; il choisit cet emplacement sur un roc isolé, et jeta les fondements de ce redoutable édifice, qui fit bientôt oublier l'ancien par la barbarie et l'avidité de ses maîtres. Ces débris, objets de notre admiration, nous disent d'ailleurs que c'était là une magnifique et puissante forteresse, voyez quelle épaisseur ont les murailles, six mêtres ; et cette étendue de terrain qu'elle enfermait de son enceinte six mille sept cent vingt, les meubles et jusqu'aux ustensiles de cuisine, semblaient par leurs dimensions extraordinaires destinés au service de géants.

Après la mort de Louis d'Orléans assassiné à Paris en 1407, Jean-sans-Peur, ordonna au comte de Saint-Pol d'aller mettre le siége devant Pierrefonds.

Le brave Bosquiaux, lieutenant de Charles

d'Orléans, héritier du duc assassiné, commandait la place, et se préparait à la défendre vigoureusement, quand il reçut l'ordre de l'évacuer moyennant des conditions avantageuses, il demanda et obtint deux mille écus d'or, et Saint-Pol en prit possession au nom du malheureux Charles VI, que son état de démence livrait tour à tour à la domination des partis.

Touché bientôt, cependant, des réclamations du duc d'Orléans, le roi ordonna à Saint-Pol de lui restituer le château ; le comte refusa, disant qu'il en avait payé la valeur. Après de longs pourparlers, il se décida enfin à obéir ; mais, le cœur gonflé de colère, il fit entasser des fascines dans les appartements qu'il se trouvait forcé d'abandonner, et au moment de partir, il y mit le feu. L'incendie se développa avec rapidité, la

toiture consumée s'effondra, heureusement les
murailles ne pouvaient être entamées par les
flammes, les dégats furent énormes, mais faciles
à réparer.

Bosquiaux reprit au nom de Charles d'Orléans,
le commandement de la forteresse.

Toutefois assiégé peu après par les anglais,
alliés du duc de Bourgogne et maîtres de Compiègne, il se vit dans la nécessité d'en ouvrir
les portes.

Au temps des guerres religieuses, continua
mon guide, Pierrefonds eut à subir de nouveaux
assauts ; les Ligueurs s'en emparèrent. En l'année
1588, Antoine Rieux, l'un de leurs capitaines,
fils d'un maréchal ferrant, homme grossier, d'une

taille colossale et d'une férocité révoltante, y fût établi comme gouverneur, par Saint-Chamand qui commandait pour la ligue à La-Ferté-Milon.

Ce Rieux une fois maître de cette position importante, se mit à ravager la contrée qui tomba bientôt au dernier degré de la misère. A la tête de ses bandits, ce misérable sortait chaque jour du château pour aller piller et incendier les campagnes; il y rentrait le soir chargé de butin, et suivi de prisonniers, qu'il ne délivrait ensuite qu'au prix de rançons énormes, et après, leur avoir fait endurer d'abominables tortures.

Indigné, au récit des atrocités commises par ce brigand, Henri IV envoya contre lui le duc d'Epernon, qui mit le siège devant le châ-

teau. Rieux, répondant aux boulets des assiégeants, fit jouer à la fois tous ses batteries, celles
du duc furent démontées, lui-même dangereuse-
ment blessé, fut obligé de se retirer ; fier de ce
succès, Rieux, courut aux secours de Noyon assiégé par Henri IV en personne, et pénétra dans
la place avec cinq cents cavaliers.

Irrité de cette bravade le roi jura dé le faire
pendre, et lors de la reddition de la ville, il refusa de le comprendre dans la capitulation ; toutefois le bandit parvint à s'échapper par-dessus
les murailles et retourna s'enfermer dans Pierrefonds.

Le maréchal de Biron, lancé à sa poursuite,
assaillit la forteresse, mais foudroyé par l'artillerie
de l'infernal ligueur, il se vit comme d'Epernon
contraint à lever le siège.

L'audace de Rieux ne connut plus de limites ;
ce misérable se crût invincible, il recommença
ses dévastations et ses pilleries, et tenta même
de s'emparer du roi, un jour qu'il traversait la
forêt se rendant, en secret, auprès de Gabrielle
d'Estrées.

Surpris enfin dans une de ces expéditions, il
fut conduit à Compiègne ; il était condamné depuis
longtemps ; on le pendit sur la place de l'Hôtel-
de-Ville au milieu d'un concours immense de
population, applaudissant à son supplice.

Informé de la mort de son lieutenant, Saint-
Chamand, vint prendre en toute hâte le commandement de Pierrefonds. Henri IV pressé d'en finir
avec ces bandits qui désolaient impunément une des
plus riches contrées du royaume, envoya contre

lui François des Ursins. Après une attaque in-
fructueuse, ce général offrit au chef ligueur de
traiter pour la reddition de la forteresse. Saint-
Chamand accepta, et la livra au prix d'une somme
considérable, des Ursins en fut nommé gouverneur.

Jusqu'alors Pierrefonds semblait imprenable,
cependant l'heure de sa destruction approchait.

Devenu sous Louis XIII, le refuge des *mécontents*,
Richelieu jura sa ruine.

C'était un des lieutenants du marquis de
Cœuvres, attaché au parti de Condé, le capitaine
Villeneuve qui l'occupait, Richelieu chargea le
comte d'Auvergne, Charles de Vallois, d'aller
l'attaquer.

Ce Villeneuve, marchant sur les traces de Rieux, s'était attiré l'animadversion de toute la province par ses brigandages ; retiré dans sa forteresse il se croyait invincible. Mais le comte d'Auvergne, après avoir étudié le plan de la place, sut éviter les fautes de ses devanciers.

Au lieu de se borner à dresser contre les remparts des batteries impuissantes, il assaillit le château de front du côté de la plaine. Au bout de quelques jours de canonnade, il était maître de deux petits forts et d'un emplacement où il établit de nombreuses pièces d'artillerie de gros calibre. De là il foudroya avec fureur le grand donjon, et l'une des grosses tours ; cette tour céda bientôt sous l'effort incessant des boulets, et s'effondra avec un fracas épouvantable.

Villeneuve effrayé, et craignant d'être enseveli

d'un instant à l'autre sous les ruines du grand donjon ébranlé, envoya des parlementaires au camp des assiégeants. Le comte d'Auvergne lui offrit une capitulation honorable, qu'il accepta.

La forteresse était gravement endommagée ; toutefois Richelieu se souvenant qu'elle n'avait jamais été qu'un refuge pour les rebelles, qu'un repaire pour les bandits, au lieu de permettre qu'elle fut réparée, ordonna de la détruire. L'œuvre était difficile autant que dispendieuse. On se contenta de la mettre hors de défense en éventrant ses tours et ses remparts et en arrachant sa toiture.

C'est donc la main de l'homme qui fit ces ruines que le temps à ensuite revêtues de cette teinte sombre.

Vendues en **1798**, et rachetées en **1812** par Napoléon, au prix modique de cinq mille francs, elles appartiennent depuis cette époque au domaine de l'Etat. L'invasion y a logé les chevaux de ses cavaliers, et en **1832**, Louis-Philippe accompagné des membres de sa famille et du roi des Belges, est venu leur payer son tribut d'admiration.

Tels sont les souvenirs que rappelle ce moment de la puissance féodale, si beau et si terrible encore sous la poussière de la destruction.

C'est le guerrier couché sur le champ de de bataille, et qui sous le voile dont la mort a couvert son visage garde l'air de défi qui l'animait au moment où il fut frappé.

Maintenant, ajouta mon guide, que vous

connaissez les hôtes qui l'habitèrent et les luttes
dont il fut témoin, pénétrons dans l'enceinte;
là l'œil admire, l'oreille écoute, l'esprit cherche
à saisir un écho des siècles passés. . . .

. . . .

Du pied de la montagne deux chemins s'offraient
à nous, conduisant tous deux dans l'enceinte des
murailles, l'un, celui de gauche, d'une pente
douce et facile, tourne autour du château; l'autre,
celui de droite, escarpé, taillé dans le roc et les
débris, gravissant presque à pic la colline, conduit
directement à la principale entrée de la forteresse
enfouie depuis des siècles, et que des travaux
considérables de déblaiement exécutés depuis
1848, par ordre du gouvernement, ont mise à
découvert.

Nous prîmes ce dernier chemin. A travers les

débris au milieu desquels il serpente, je retrouvai des pans de murailles récemment mis à découvert et qui permettent de supposer que le château avait de ce côté une sortie couverte et un corps de bâtiment qui devait être défendu par les ouvrages avancés.

De décombres en décombres j'arrivai jusqu'au plateau vis-à-vis le pont-levis de l'entrée principale.

Cette entrée était défendue par la tour du sud-ouest qui se trouve à sa droite et qui fut rasée jusqu'au sol lors du dernier siége.

Après avoir franchi le fossé sur lequel a été jeté un pont en planches, on arrive à la porte de l'enceinte principale. Cette porte était placée

dans un massif épais, elle présente un passage
assez étroit; lequel était fermé à ses deux extré-
mités par des portes, et au milieu par une herse;
l'escalier dont on retrouvait les restes derrière
ce massif, conduisait au haut de la plate-forme
pour manœuvrer la herse, dont les rainures
existent encore.

Cette entrée avait deux passages : un pour les
voitures, l'empreinte qu'y ont laissé les roues des
voitures est visible encore; l'autre passage, plus
étroit, était destiné aux piétons, il se trouve à
droite de l'entrée principale, avec un banc de
veille pour le gardien.

Les énormes pans de murs, ornés de fenêtres
et de manteaux de cheminées, aux guirlandes
délicatement sculptées, qui se dressent à droite

de la cour d'honneur, sont les restes des appartements des seigneurs de Pierrefonds, les derniers débris du grand donjon.

Les fouilles qui ont été faites pour le nivellement du sol, ont mis à découvert l'escalier conduisant à ces appartements ; cet escalier enfermé dans une tourelle, avait, donnant sur la cour, un large perron à trois pans, composé de quatorze marches.

La tour de la chapelle et l'énorme tour *du sud* défendant le donjon, étaient reliées par une courtine, entre cette courtine et le donjon existait une petite cour. Les déblaiements viennent de faire découvrir le niveau de cette cour et en même temps une seconde sortie du château ; cette sortie est facile à remarquer, aux traces du pont-levis existant encore profondément entaillées

dans la courtine. On ne sait pas encore précisé-
ment où s'appuyait l'extrémité de ce pont-levis ;
quant à présent on en est réduit à conjecturer,
que sur un petit mamelon situé vis-à-vis du donjon
et en angle devait s'élever une barbacane destinée
en même temps à soutenir le Pont et à défendre
le château en cas d'attaque. Peut-être les fouilles
qui vont être reprises pour dégager entièrement
la plate-forme qui existait autrefois autour de la
forteresse, lèveront-elles tous les doutes à cet
égard.

Il ne reste plus de la tour de la chapelle (1)
qu'un fragment de mur percé de deux fenêtres
ou plutôt de deux meurtrières en ogives, entre
lesquelles existe une niche renfermant une statue.
Deux statues semblables et qui devaient orner

(1) Tour du sud-est.

6

l'entrée principale, l'une gisant près de cette entrée l'autre transportée dans la tour de l'est, ont été retrouvées. Ces statues portent le costume de l'époque de Charles VI, mais leur état de mutilation empêche de leur donner un nom.

La chapelle était petite ; elle avait une entrée dans la cour d'honneur, un rang de stales en pierres, et à l'est une sacristie dont la destination est bien évidente.

Un escalier conduisait dans l'étage inférieur, cet étage, dont la voute est d'une conservation admirable , avait une poterne donnant sur la plate-forme.

La tour de l'est, à laquelle on arrive par un pont jeté sur la profondeur des anciennes salles basses, dont les voûtes ont été crevées, est la seule au haut de laquelle le visiteur puisse arriver par un escalier en bois construit par les ordres du roi Louis-Philippe.

Dans la salle du rez-de-chaussée de cette tour, on a entassé une partie des débris trouvés pendant les fouilles, il y en a de très – curieux, entr'autres :

Un petit obusier composé de lames de fer forgées et superposées alors que la fonte des pièces de canon était encore inconnue;

Des débris de chapiteaux et de corbeaux, d'une sculpture remarquable, quelques – uns appar – tiennent comme style à une époque plus reculée que la construction de la fortesse, et proviennent certainement des débris du premier château;

Des boulets de canon en fer de tous les calibres;

Des boules en pierre ; selon l'opinion la plus accréditée, ces boules, placées dans les paliers supérieurs, pouvaient être lancées dans les escaliers en cas de surprise, de manière à obstruer le passage et à renverser même un ennemi victorieux ;

Elles pouvaient cependant être tout aussi bien destinées à être lancées par des machines de guerre ou même des bouches à feu.

Du haut de cette tour la perspective est admirable ; au pied du château le village enveloppant le lac ; et plus loin, se perdant à l'horizon, les

forêts de Compiègne (1) et de Villers-Cotterets.
Je ne pus contempler longtemps ce spectacle, je
sentais le vertige me gagner.

Je descendis et repris mes explorations.

Au pied de la tour, au niveau des salles basses
le gardien me fit voir un réduit qu'il me désigna
sous le nom d'oubliettes. J'avoue que je n'en
crus pas un mot, le trou béant qu'il me montrait
n'est autre chose que la voûte défoncée d'une
salle plus basse et devant servir de magasin, et
d'abord, nulle part, dans aucun château du moyen
âge, les oubliettes ne sont placées dans une tour
isolée, elles sont toujours dans le donjon ainsi
qu'à Chinon et à la Bastille.

Sur les deux façades du nord—ouest et du

(1) La forêt de Compiègne contient 14,636 hectares.

nord-est, existait une ligne de bâtiments appuyés
aux courtines et aux tours d'angle et se reliant
à elles par d'épais contreforts.

La ligne de bâtiments de toute la façade nord-
ouest, avait la même décoration sur toute sa
longueur : partout des corbeaux sculptés à des
distances égales et destinés à supporter les poutres
de l'étage supérieur.

Il est probable que la façade nord-est avait la
même décoration. Cette ligne de bâtiments s'ar-
rêtait à la tour est ; ce que laissent supposer
les pierres d'arrachement qui subsistent à la
courtine près de cette tour.

On m'offrit de me montrer les souterrains et
le gardien après avoir allumé une torche, me fit

descendre par une pente douce dans les caves de l'édifice. — Quant aux souterrains établissant des communications avec la campagne, on n'en a pas jusqu'à ce jour trouvé de trace, et il est probable qu'on y arrivait par un puits au fond de l'une des tours.

Cette forteresse a été construite avec un soin admirable, et la preuve en existe dans chacune des fenêtres ou meurtrières, possédant toutes des clefs de voûtes, chose excessivement rare dans les constructions de cette époque.

Le sommet de toutes les tours et courtines est garni d'une ligne de machicoulis destinés à s'opposer à l'escalade avec des échelles. — Au-dessus règne une autre ligne de corbeaux ou crochets de pierres, disposés pour recevoir des échafauds en bois, sur lesquels se tenaient les hommes d'armes. On donnait le nom de *hourds* à ces charpentes improvisées.

J'avais visité les restes les plus remarquables de l'antique forteresse.

Je quittai à regret ces ruines si remplies de souvenirs, qu'une longue journée ne suffirait pas à évoquer, et dans lesquelles quelques heures venaient pour moi de passer si rapides.

Je suivis, pour descendre la colline, le sentier qui m'avait amené, et me trouvai devant l'Église ; j'ai dit plus haut son origine, sauf son antiquité, les deux statues qui la décorent, et la pierre tombale des seigneurs de Pierrefonds ; cette église n'a rien de bien remarquable.

J'avais besoin, pour me recueillir, d'ombrage et de fraîcheur, je me dirigeai vers le lac, dont les eaux limpides servent de miroir aux murailles ébréchées du vieux manoir, et sur lesquelles une légère goëlette se balance au souffle de la brise, entourée d'une flotille de canots et réveillant aux jours de fête les échos belliqueux de l'antique forteresse par le bruit de ses canons.

Sur ses bords, une élégante habitation moderne a été élevée par les soins de M. Deflubé; le luxe de cette demeure au milieu de cette nature abrupte et sauvage vous rappelle Paris.

Une source d'eau sulfureuse a été découverte il y a quelques années à l'extrémité du parc de cette délicieuse habitation.

M. Deflubé, pour abriter et pour mettre à

7

profit ces eaux précieuses, a fait élever un vaste et joli châlet, qui, nous n'en doutons pas, sera d'ici à quelques années trop étroit pour contenir l'affluence des baigneurs, qui, attirés par ce site enchanteur, au pied des plus belles ruines de France, et au milieu de cette admirable forêt, viendront de toutes parts profiter de l'efficacité de ces eaux classées maintenant par le gouvernement parmi les eaux miralesné de France.

Il existe à Pierrefonds une autre habitation charmante, dont le propriétaire, M. Dumont, abandonne aux visiteurs, avec une délicieuse abnégation, la plus belle partie, ce sont les Cascades.

D'une masse énorme de roches surplombant, s'échappent des eaux transparentes, fraîches, disparaissant ici sous la mousse qui les couvre, reparaissant plus loin en bassins, pour se rejeter avec impétuosité dans d'autres cavités.

Des salons de verdure d'une délicieuse fraîcheur couvrent ces eaux de leur ombre, d'épais tapis de mousse les bordent.

Il fallait cependant partir.

Je m'arrachai avec peine de ces lieux enchanteurs ; mon guide m'attendait, à la porte de l'Hôtel des Étrangers, je retrouvai ma voiture dans laquelle je pris place.

A neuf heures moins quelques minutes, je remontais en chemin de fer à Compiègne, et à onze heures j'étais à Paris, joyeux de ma journée, me promettant plusieurs voyages semblables, et heureux surtout d'avoir enfin trouvé un véritable TRAIN DE PLAISIR.

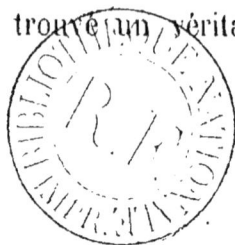

Compiègne. — *Typographie de* LOUIS VOL, *rue des Lombards* 16.

www.ingramcontent.com/pod-product-compliance
Lightning Source LLC
Chambersburg PA
CBHW052149090426
42741CB00010B/2196